Índice

¡Cepíllate los dientes!	3
Glosario fotográfico	15
Índice analítico	16
Sobre el autor	16

¿Puedes encontrar estas palabras?

cepillamos 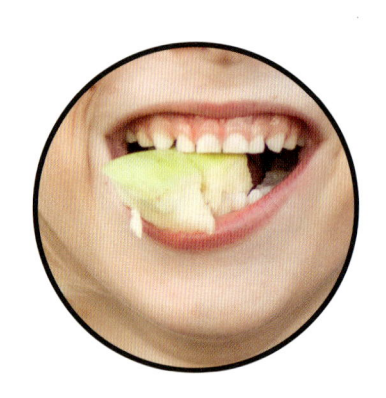 | encías

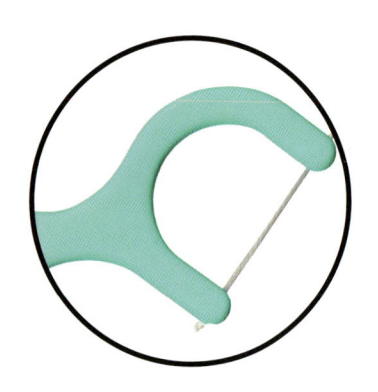

hilo dental 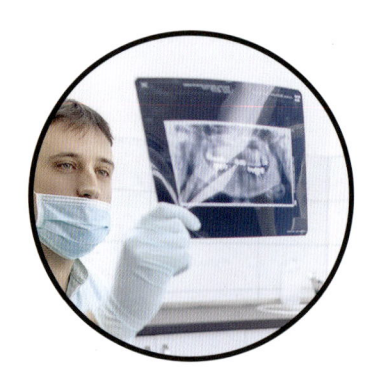 | radiografía

¡Cepíllate los dientes!

Tenemos dientes.
Los dientes nos ayudan a masticar.

Los dientes nos ayudan a hablar.

Cuidamos nuestros dientes.

Nos **cepillamos** los dientes.

Los cepillamos todos los días.

¡No olvides usar **hilo dental**!

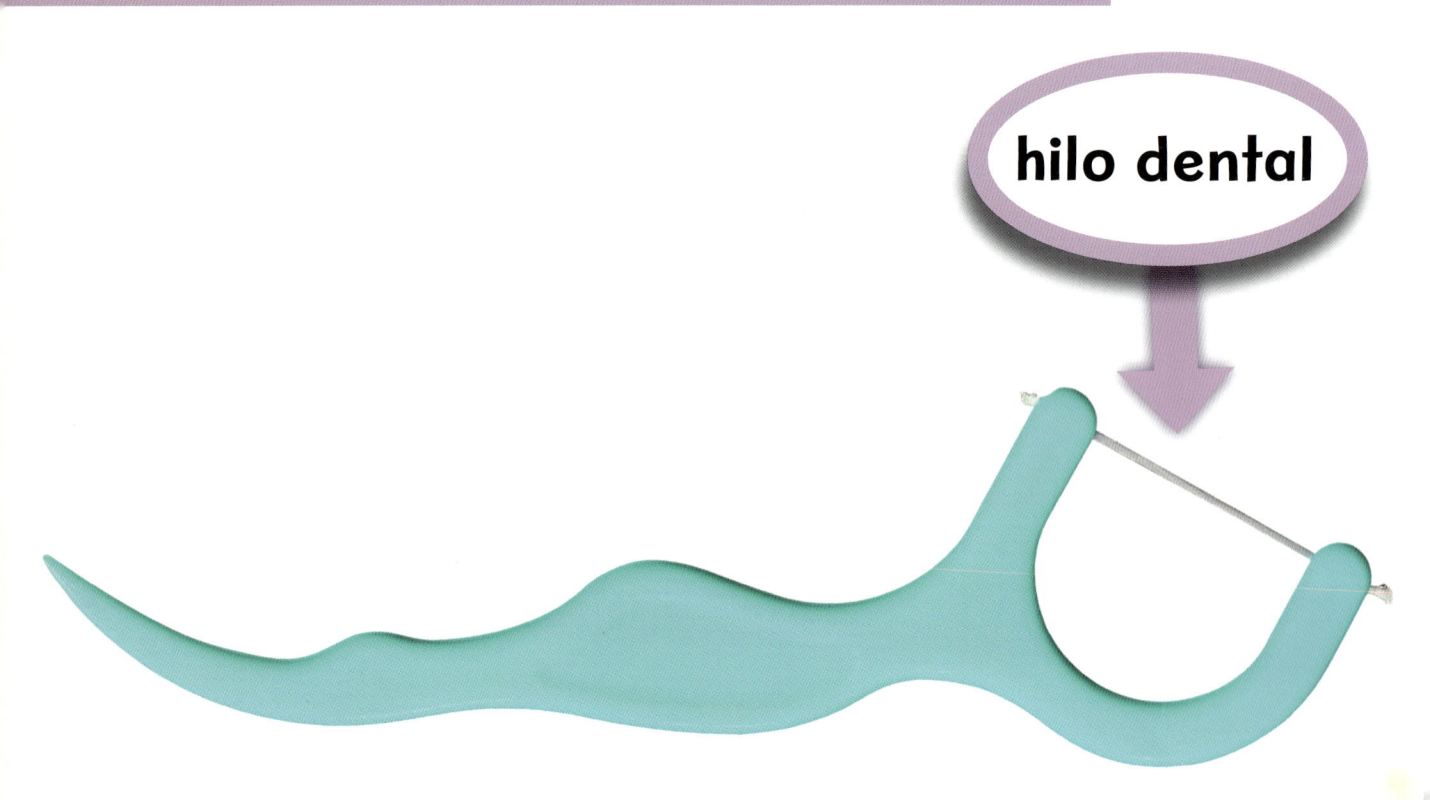

hilo dental

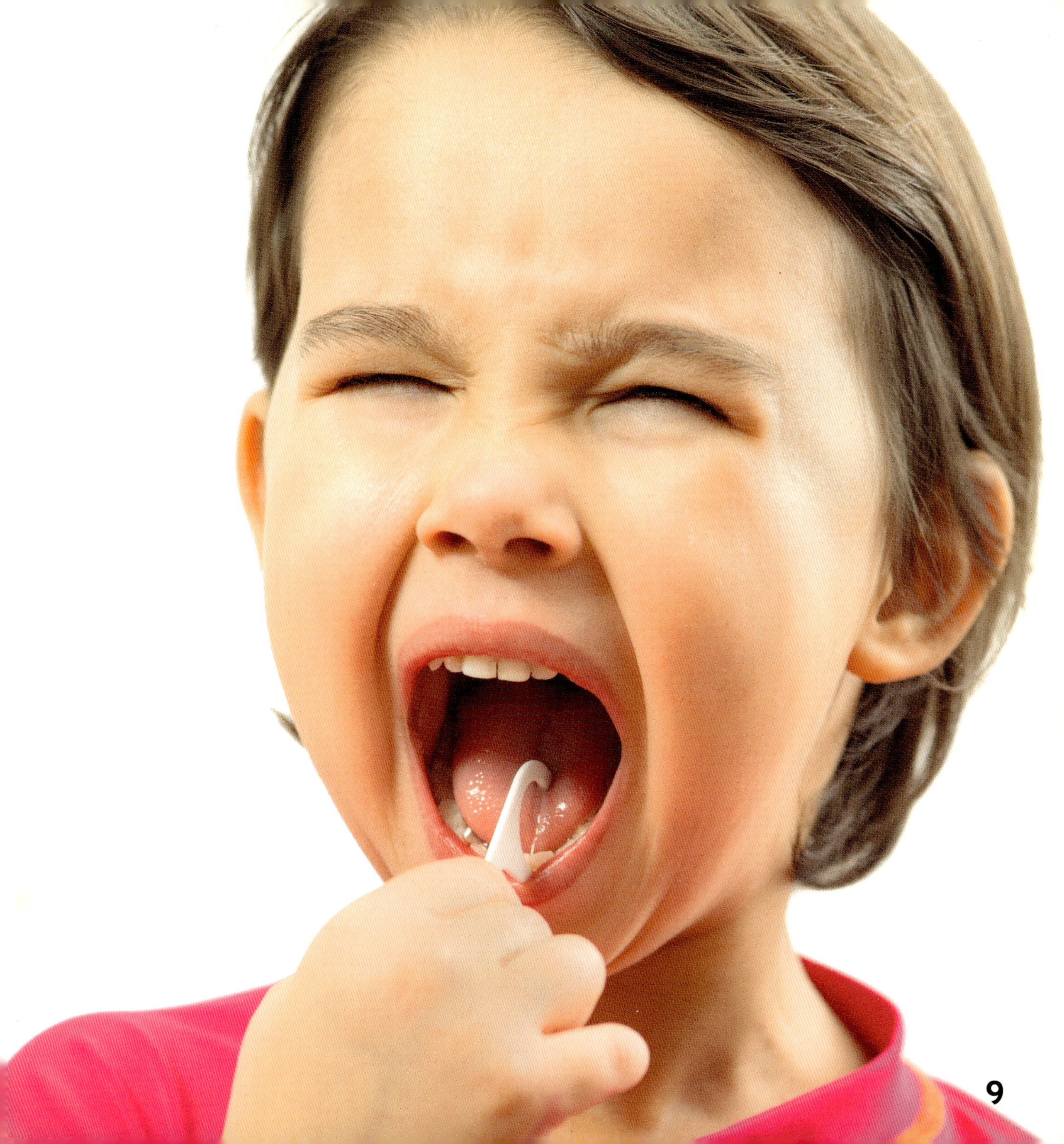

radiografía

Visitamos al dentista.
El dentista toma una **radiografía.**

El dentista nos limpia los dientes.

Comemos alimentos saludables.

encías

¡Las manzanas frotan nuestros dientes y **encías**!

¿Encontraste estas palabras?

Nos **cepillamos** los dientes.

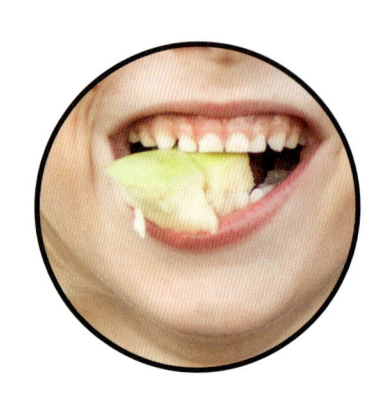

¡Las manzanas frotan nuestros dientes y **encías**!

¡No olvides usar **hilo dental**!

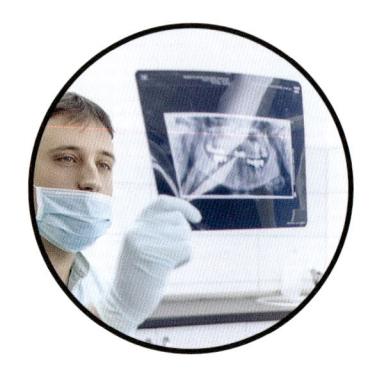

El dentista toma una **radiografía**.

Glosario fotográfico

cepillar: quitar la suciedad o el polvo con un cepillo.

encías: carne firme y rosada alrededor de los dientes.

hilo dental: hebra delgada de hilo que limpia el espacio entre los dientes.

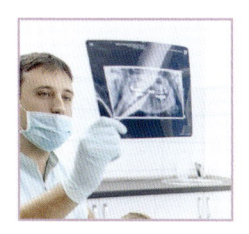

radiografía: una imagen de tus dientes, huesos u órganos en el interior de tu cuerpo.

Índice analítico

alimentos: 12
dentista: 10, 11
hablar: 4

manzanas: 13
masticar: 3
saludables: 12

Sobre el autor

A Pete Jenkins le encanta comer, así que trata de cuidar sus dientes. Siempre va a sus citas con el dentista, ¡quien le da una bolsa de golosinas si no tiene caries!

© 2020 Rourke Educational Media

All rights reserved. No part of this book may be reproduced or utilized in any form or by any means, electronic or mechanical including photocopying, recording, or by any information storage and retrieval system without permission in writing from the publisher.

www.rourkeeducationalmedia.com

PHOTO CREDITS: Cover: ©Wavebreakmedia; p. 2,7,14,15: ©Jonathan Cohen; p. 2,8,14,15: ©You Touch Pix of EuToch; p. 2,13,14,15: ©tomazl; p. 2,10,14,15: ©hoozone; p. 3: ©Jason Doiy; p. 4: ©Jennifer_Sharp; p. 9: ©Pazargic Liviu; p. 11: ©LuckyBusiness; p. 12: ©Mark Bowden.

Edición: Keli Sipperley
Diseño de la tapa: Kathy Walsh
Diseño interior: Rhea Magaro-Wallace
Traducción: Santiago Ochoa
Edición en español: Base Tres

Library of Congress PCN Data
¡Cepíllate los dientes! / Pete Jenkins
(Aprendamos)
ISBN (hard cover - spanish)(alk. paper) 978-1-73160-499-6
ISBN (soft cover - spanish) 978-1-73160-512-2
ISBN (e-Book - spanish) 978-1-73160-505-4
ISBN (e-Pub - spanish) 978-1-73160-705-8
ISBN (hard cover - english)(alk. paper) 978-1-64156-202-7
ISBN (soft cover - english) 978-1-64156-258-4
ISBN (e-Book - english) 978-1-64156-307-9
Library of Congress Control Number: 2018967484

Printed in the United States of America, North Mankato, Minnesota